TRANZLATY

Sprache ist für alle da

Bahasa adalah untuk semua orang

Die Schöne und das Biest

Kecantikan dan Binatang

Gabrielle-Suzanne Barbot de Villeneuve

Deutsch / Bahasa Melayu

Copyright © 2025 Tranzlaty
All rights reserved
Published by Tranzlaty
ISBN: 978-1-80572-019-5
Original text by Gabrielle-Suzanne Barbot de Villeneuve
La Belle et la Bête
First published in French in 1740
Taken from The Blue Fairy Book (Andrew Lang)
Illustration by Walter Crane
www.tranzlaty.com

Es war einmal ein reicher Kaufmann
Dahulu ada seorang saudagar yang kaya raya
dieser reiche Kaufmann hatte sechs Kinder
saudagar kaya ini mempunyai enam orang anak
Er hatte drei Söhne und drei Töchter
dia mempunyai tiga anak lelaki dan tiga anak perempuan
Er hat keine Kosten für ihre Ausbildung gescheut
dia tidak menghindarkan sebarang kos untuk pendidikan mereka
weil er ein vernünftiger Mann war
kerana dia seorang yang berakal
aber er gab seinen Kindern viele Diener
tetapi dia memberi anak-anaknya banyak hamba
seine Töchter waren überaus hübsch
anak-anak perempuannya sangat cantik
und seine jüngste Tochter war besonders hübsch
dan anak bongsunya sangat cantik
Schon als Kind wurde ihre Schönheit bewundert
semasa kecil kecantikannya sudah dikagumi
und die Leute nannten sie nach ihrer Schönheit
dan orang ramai memanggilnya dengan kecantikannya
Ihre Schönheit verblasste nicht, als sie älter wurde
kecantikannya tidak pudar apabila usianya meningkat
Deshalb nannten die Leute sie weiterhin wegen ihrer Schönheit
jadi orang ramai terus memanggilnya dengan kecantikannya
das machte ihre Schwestern sehr eifersüchtig
ini membuatkan adik-adiknya sangat cemburu
Die beiden ältesten Töchter waren sehr stolz
kedua-dua anak perempuan sulung mempunyai kebanggaan yang besar
Ihr Reichtum war die Quelle ihres Stolzes
kekayaan mereka adalah sumber kebanggaan mereka
und sie verbargen ihren Stolz nicht
dan mereka juga tidak menyembunyikan kebanggaan mereka
Sie besuchten nicht die Töchter anderer Kaufleute

mereka tidak menziarahi anak perempuan saudagar lain
weil sie nur mit Aristokraten zusammentreffen
kerana mereka hanya bertemu dengan golongan bangsawan
Sie gingen jeden Tag zu Partys
mereka keluar setiap hari ke pesta
Bälle, Theaterstücke, Konzerte usw.
bola, permainan, konsert, dan sebagainya
und sie lachten über ihre jüngste Schwester
dan mereka mentertawakan adik bongsu mereka
weil sie die meiste Zeit mit Lesen verbrachte
kerana dia menghabiskan sebahagian besar masanya dengan membaca
Es war allgemein bekannt, dass sie reich waren
diketahui umum bahawa mereka kaya raya
so hielten mehrere bedeutende Kaufleute um ihre Hand an
maka beberapa saudagar terkemuka meminta tangan mereka
aber sie sagten, sie würden nicht heiraten
tetapi mereka berkata mereka tidak akan berkahwin
aber sie waren bereit, einige Ausnahmen zu machen
tetapi mereka bersedia untuk membuat beberapa pengecualian
„Vielleicht könnte ich einen Herzog heiraten"
"Mungkin saya boleh berkahwin dengan Duke"
„Ich schätze, ich könnte einen Grafen heiraten"
"Saya rasa saya boleh berkahwin dengan Earl"
Schönheit dankte sehr höflich denen, die ihr einen Antrag gemacht hatten
Beauty sangat beradab berterima kasih kepada mereka yang melamarnya
Sie sagte ihnen, sie sei noch zu jung zum Heiraten
dia memberitahu mereka dia masih terlalu muda untuk berkahwin
Sie wollte noch ein paar Jahre bei ihrem Vater bleiben
dia mahu tinggal beberapa tahun lagi dengan ayahnya
Auf einmal verlor der Kaufmann sein Vermögen
Sekali gus peniaga itu kehilangan hartanya

er verlor alles außer einem kleinen Landhaus
dia kehilangan segala-galanya selain sebuah rumah desa kecil
und er sagte seinen Kindern mit Tränen in den Augen:
dan dia memberitahu anak-anaknya dengan air mata di matanya:
„Wir müssen aufs Land gehen"
"kita mesti pergi ke luar bandar"
„und wir müssen für unseren Lebensunterhalt arbeiten"
"dan kita mesti bekerja untuk hidup kita"
die beiden ältesten Töchter wollten die Stadt nicht verlassen
dua anak perempuan sulung itu tidak mahu meninggalkan bandar itu
Sie hatten mehrere Liebhaber in der Stadt
mereka mempunyai beberapa kekasih di bandar
und sie waren sicher, dass einer ihrer Liebhaber sie heiraten würde
dan mereka pasti salah seorang kekasih mereka akan mengahwini mereka
Sie dachten, ihre Liebhaber würden sie heiraten, auch wenn sie kein Vermögen hätten
mereka menyangka kekasih mereka akan mengahwini mereka walaupun tanpa harta
aber die guten Damen haben sich geirrt
tetapi wanita yang baik tersilap
Ihre Liebhaber verließen sie sehr schnell
kekasih mereka meninggalkan mereka dengan cepat
weil sie kein Vermögen mehr hatten
kerana mereka tidak mempunyai harta lagi
das zeigte, dass sie nicht wirklich beliebt waren
ini menunjukkan mereka sebenarnya tidak disenangi
alle sagten, sie verdienen kein Mitleid
semua orang berkata mereka tidak layak untuk dikasihani
„Wir sind froh, dass ihr Stolz gedemütigt wurde"
"Kami gembira melihat kebanggaan mereka direndahkan"
„Lasst sie stolz darauf sein, Kühe zu melken"
"Biarlah mereka berbangga kerana memerah susu lembu"

aber sie waren um Schönheit besorgt
tetapi mereka mementingkan kecantikan
sie war so ein süßes Geschöpf
dia adalah makhluk yang sangat manis
Sie sprach so freundlich zu armen Leuten
dia bercakap dengan begitu baik kepada orang miskin
und sie war von solch unschuldiger Natur
dan dia adalah seorang yang tidak bersalah
Mehrere Herren hätten sie geheiratet
Beberapa lelaki akan berkahwin dengannya
Sie hätten sie geheiratet, obwohl sie arm war
mereka akan mengahwininya walaupun dia miskin
aber sie sagte ihnen, sie könne sie nicht heiraten
tetapi dia memberitahu mereka bahawa dia tidak boleh mengahwini mereka
weil sie ihren Vater nicht verlassen wollte
kerana dia tidak akan meninggalkan ayahnya
sie war entschlossen, mit ihm aufs Land zu fahren
dia berazam untuk pergi bersamanya ke luar bandar
damit sie ihn trösten und ihm helfen konnte
supaya dia dapat menghibur dan menolongnya
Die arme Schönheit war zunächst sehr betrübt
Si cantik yang malang itu sangat bersedih pada mulanya
sie war betrübt über den Verlust ihres Vermögens
dia berasa sedih dengan kehilangan hartanya
„Aber Weinen wird mein Schicksal nicht ändern"
"tetapi menangis tidak akan mengubah nasib saya"
„Ich muss versuchen, ohne Reichtum glücklich zu sein"
"Saya mesti cuba membahagiakan diri saya tanpa kekayaan"
Sie kamen zu ihrem Landhaus
mereka datang ke rumah negara mereka
und der Kaufmann und seine drei Söhne widmeten sich der Landwirtschaft
dan saudagar itu dan ketiga-tiga anaknya berusaha untuk berternak
Schönheit stand um vier Uhr morgens auf

kecantikan meningkat pada pukul empat pagi
und sie beeilte sich, das Haus zu putzen
dan dia bergegas membersihkan rumah
und sie sorgte dafür, dass das Abendessen fertig war
dan dia memastikan makan malam sudah siap
ihr neues Leben fiel ihr zunächst sehr schwer
pada mulanya dia mendapati kehidupan barunya sangat sukar
weil sie diese Arbeit nicht gewohnt war
kerana dia tidak biasa dengan kerja sebegitu
aber in weniger als zwei Monaten wurde sie stärker
tetapi dalam masa kurang dari dua bulan dia menjadi lebih kuat
und sie war gesünder als je zuvor
dan dia lebih sihat berbanding sebelum ini
nachdem sie ihre arbeit erledigt hatte, las sie
selepas dia membuat kerja dia membaca
sie spielte Cembalo
dia bermain harpsichord
oder sie sang, während sie Seide spann
atau dia menyanyi sambil memutar sutera
im Gegenteil, ihre beiden Schwestern wussten nicht, wie sie ihre Zeit verbringen sollten
sebaliknya, dua kakaknya tidak tahu bagaimana untuk menghabiskan masa mereka
Sie standen um zehn auf und taten den ganzen Tag nichts anderes als herumzufaulenzen
mereka bangun pada pukul sepuluh dan tidak melakukan apa-apa selain bermalas-malasan sepanjang hari
Sie beklagten den Verlust ihrer schönen Kleider
mereka meratapi kehilangan pakaian indah mereka
und sie beklagten sich über den Verlust ihrer Bekannten
dan mereka mengadu tentang kehilangan kenalan mereka
„Schau dir unsere jüngste Schwester an", sagten sie zueinander
"Lihatlah adik bongsu kita," kata mereka sesama sendiri

„Was für ein armes und dummes Geschöpf sie ist"
"Makhluk yang miskin dan bodoh dia"
„Es ist gemein, mit so wenig zufrieden zu sein"
"Ini bermakna untuk berpuas hati dengan sedikit"
der freundliche Kaufmann war ganz anderer Meinung
peniaga yang baik hati itu agak berbeza pendapat
er wusste sehr wohl, dass Schönheit ihre Schwestern übertraf
dia tahu betul kecantikan itu mengatasi adik-adiknya
Sie übertraf sie sowohl charakterlich als auch geistig
dia mengatasi mereka dalam perwatakan serta fikiran
er bewunderte ihre Bescheidenheit und ihre harte Arbeit
dia mengagumi kerendahan hati dan kerja kerasnya
aber am meisten bewunderte er ihre Geduld
tetapi yang paling penting dia mengagumi kesabarannya
Ihre Schwestern überließen ihr die ganze Arbeit
adik-adiknya meninggalkan semua kerja yang perlu dilakukan
und sie beleidigten sie ständig
dan mereka menghinanya setiap saat
Die Familie hatte etwa ein Jahr lang so gelebt
Keluarga itu telah hidup seperti ini selama lebih kurang setahun
dann bekam der Kaufmann einen Brief von einem Buchhalter
kemudian saudagar itu mendapat surat daripada seorang akauntan
er hatte in ein Schiff investiert
dia mempunyai pelaburan dalam sebuah kapal
und das Schiff war sicher angekommen
dan kapal telah selamat sampai
diese Nachricht ließ die beiden ältesten Töchter staunen
t beritanya memusingkan kepala dua anak perempuan sulung itu
Sie hatten sofort die Hoffnung, in die Stadt zurückzukehren
mereka segera mempunyai harapan untuk kembali ke bandar

weil sie des Landlebens überdrüssig waren
kerana mereka agak bosan dengan kehidupan desa
Sie gingen zu ihrem Vater, als er ging
mereka pergi kepada bapa mereka ketika dia akan pergi
Sie baten ihn, ihnen neue Kleider zu kaufen
mereka memohon supaya dia membelikan mereka pakaian baru
Kleider, Bänder und allerlei Kleinigkeiten
pakaian, reben, dan segala macam perkara kecil
aber die Schönheit verlangte nichts
tetapi kecantikan tidak meminta apa-apa
weil sie dachte, das Geld würde nicht reichen
kerana dia fikir wang itu tidak akan mencukupi
es würde nicht reichen, um alles zu kaufen, was ihre Schwestern wollten
tidak akan cukup untuk membeli semua yang adik-adiknya inginkan
„Was möchtest du, Schönheit?", fragte ihr Vater
"Apa yang awak mahu, cantik?" tanya ayahnya
"Danke, Vater, dass du so nett bist, an mich zu denken", sagte sie
"Terima kasih, ayah, atas kebaikan untuk memikirkan saya," katanya
„Vater, sei so freundlich und bring mir eine Rose mit"
"Ayah, tolonglah bawakan saya sekuntum bunga mawar"
„weil hier im Garten keine Rosen wachsen"
"kerana tiada bunga ros tumbuh di sini di taman"
„und Rosen sind eine Art Rarität"
"dan bunga ros adalah sejenis yang jarang berlaku"
Schönheit mochte Rosen nicht wirklich
kecantikan tidak begitu mempedulikan bunga ros
sie bat nur um etwas, um ihre Schwestern nicht zu verurteilen
dia hanya meminta sesuatu untuk tidak mengutuk adik-adiknya
aber ihre Schwestern dachten, sie hätte aus anderen

Gründen nach Rosen gefragt
tetapi adik-adiknya fikir dia meminta bunga ros atas sebab lain
„Sie hat es nur getan, um besonders auszusehen"
"dia melakukannya hanya untuk kelihatan istimewa"
Der freundliche Mann machte sich auf die Reise
Lelaki yang baik hati itu meneruskan perjalanannya
aber als er ankam, stritten sie über die Ware
tetapi apabila dia tiba mereka bertengkar tentang barang dagangan itu
und nach viel Ärger kam er genauso arm zurück wie zuvor
dan selepas banyak kesusahan dia kembali miskin seperti dahulu
er war nur ein paar Stunden von seinem eigenen Haus entfernt
dia berada dalam masa beberapa jam dari rumahnya sendiri
und er stellte sich schon die Freude vor, seine Kinder zu sehen
dan dia sudah membayangkan kegembiraan melihat anak-anaknya
aber als er durch den Wald ging, verirrte er sich
tapi bila melalui hutan dia tersesat
es hat furchtbar geregnet und geschneit
hujan turun dan salji turun dengan lebat
der Wind war so stark, dass er ihn vom Pferd warf
angin sangat kuat sehingga melemparkannya dari kudanya
und die Nacht kam schnell
dan malam tiba dengan cepat
er begann zu glauben, er müsse verhungern
dia mula berfikir bahawa dia mungkin kelaparan
und er dachte, er könnte erfrieren
dan dia berfikir bahawa dia mungkin mati beku
und er dachte, Wölfe könnten ihn fressen
dan dia fikir serigala boleh memakannya
die Wölfe, die er um sich herum heulen hörte
serigala yang dia dengar melolong di sekelilingnya

aber plötzlich sah er ein Licht
tapi tiba-tiba dia nampak satu cahaya
er sah das Licht in der Ferne durch die Bäume
dia melihat cahaya dari jauh melalui pepohonan
als er näher kam, sah er, dass das Licht ein Palast war
apabila dia semakin dekat dia melihat cahaya itu adalah sebuah istana
der Palast war von oben bis unten beleuchtet
istana itu diterangi dari atas ke bawah
Der Kaufmann dankte Gott für sein Glück
saudagar itu bersyukur kepada Tuhan atas nasibnya
und er eilte zum Palast
dan dia bergegas ke istana
aber er war überrascht, keine Leute im Palast zu sehen
tetapi dia terkejut melihat tiada orang di dalam istana
der Hof war völlig leer
halaman mahkamah itu benar-benar kosong
und nirgendwo ein Lebenszeichen
dan tiada tanda-tanda kehidupan di mana-mana
sein Pferd folgte ihm in den Palast
kudanya mengikutinya ke dalam istana
und dann fand sein Pferd großen Stall
dan kemudian kudanya mendapati kandang besar
das arme Tier war fast verhungert
haiwan malang itu hampir kelaparan
also ging sein Pferd hinein, um Heu und Hafer zu finden
jadi kudanya masuk untuk mencari jerami dan oat
zum Glück fand er reichlich zu essen
mujur dia dapat makan banyak
und der Kaufmann band sein Pferd an die Krippe
dan saudagar itu mengikat kudanya pada palungan
Als er zum Haus ging, sah er niemanden
w alking menuju ke rumah dia tidak nampak sesiapa
aber in einer großen Halle fand er ein gutes Feuer
tetapi dalam dewan yang besar dia mendapati api yang baik
und er fand einen Tisch für eine Person gedeckt

dan dia menjumpai set meja untuk satu
er war nass vom Regen und Schnee
dia basah oleh hujan dan salji
Also ging er zum Feuer, um sich abzutrocknen
jadi dia pergi dekat api untuk mengeringkan dirinya
„Ich hoffe, der Hausherr entschuldigt mich"
"Saya harap tuan rumah akan maafkan saya"
„Ich schätze, es wird nicht lange dauern, bis jemand auftaucht."
"Saya rasa ia tidak akan mengambil masa yang lama untuk seseorang muncul"
Er wartete eine beträchtliche Zeit
Dia menunggu agak lama
er wartete, bis es elf schlug, und noch immer kam niemand
dia menunggu sehingga pukul sebelas, dan masih tiada siapa yang datang
Schließlich war er so hungrig, dass er nicht länger warten konnte
akhirnya dia sangat lapar sehingga dia tidak boleh menunggu lagi
er nahm ein Hühnchen und aß es in zwei Bissen
dia mengambil sedikit ayam dan memakannya dalam dua suapan
er zitterte beim Essen
dia terketar-ketar semasa memakan makanan itu
danach trank er ein paar Gläser Wein
selepas ini dia minum beberapa gelas arak
Er wurde mutiger und verließ den Saal
semakin berani dia keluar dari dewan
und er durchquerte mehrere große Hallen
dan dia menyeberang melalui beberapa dewan besar
Er ging durch den Palast, bis er in eine Kammer kam
dia berjalan melalui istana sehingga dia masuk ke dalam bilik
eine Kammer, in der sich ein überaus gutes Bett befand
sebuah bilik yang mempunyai katil yang sangat baik di dalamnya

er war von der Tortur sehr erschöpft
dia sangat penat dengan ujian yang dialaminya
und es war schon nach Mitternacht
dan waktu sudah lewat tengah malam
also beschloss er, dass es das Beste sei, die Tür zu schließen
jadi dia memutuskan adalah yang terbaik untuk menutup pintu
und er beschloss, dass er zu Bett gehen sollte
dan dia membuat kesimpulan bahawa dia harus pergi tidur
Es war zehn Uhr morgens, als der Kaufmann aufwachte
Pukul sepuluh pagi barulah saudagar itu bangun
gerade als er aufstehen wollte, sah er etwas
baru sahaja dia hendak bangun dia ternampak sesuatu
er war erstaunt, saubere Kleidung zu sehen
dia terperanjat melihat satu set pakaian yang bersih
an der Stelle, wo er seine schmutzigen Kleider zurückgelassen hatte
di tempat dia telah meninggalkan pakaiannya yang kotor
"Mit Sicherheit gehört dieser Palast einer netten Fee"
"sudah tentu istana ini kepunyaan bidadari yang baik hati"
„eine Fee, die mich gesehen und bemitleidet hat"
" seorang dongeng yang telah melihat dan mengasihani saya"
er sah durch ein Fenster
dia melihat melalui tingkap
aber statt Schnee sah er den herrlichsten Garten
tetapi bukannya salji dia melihat taman yang paling menarik
und im Garten waren die schönsten Rosen
dan di taman itu terdapat bunga ros yang paling indah
dann kehrte er in die große Halle zurück
dia kemudian kembali ke dewan besar
der Saal, in dem er am Abend zuvor Suppe gegessen hatte
dewan tempat dia makan sup pada malam sebelumnya
und er fand etwas Schokolade auf einem kleinen Tisch
dan dia menjumpai coklat di atas meja kecil
„Danke, liebe Frau Fee", sagte er laut
"Terima kasih, Puan Fairy yang baik," katanya lantang

„Danke für Ihre Fürsorge"
"terima kasih kerana begitu mengambil berat"
„Ich bin Ihnen für all Ihre Gefälligkeiten äußerst dankbar"
"Saya amat bertanggungjawab kepada anda untuk semua nikmat anda"
Der freundliche Mann trank seine Schokolade
lelaki yang baik hati itu minum coklatnya
und dann ging er sein Pferd suchen
dan kemudian dia pergi mencari kudanya
aber im Garten erinnerte er sich an die Bitte der Schönheit
tetapi di taman dia teringat permintaan kecantikan
und er schnitt einen Rosenzweig ab
dan dia memotong dahan bunga ros
sofort hörte er ein lautes Geräusch
serta-merta dia mendengar bunyi yang hebat
und er sah ein furchtbar furchtbares Tier
dan dia melihat seekor binatang yang amat menakutkan
er war so erschrocken, dass er kurz davor war, ohnmächtig zu werden
dia sangat takut sehingga dia bersedia untuk pengsan
„Du bist sehr undankbar", sagte das Tier zu ihm
"Kamu sangat tidak berterima kasih," kata binatang itu kepadanya
und das Tier sprach mit schrecklicher Stimme
dan binatang itu bercakap dengan suara yang mengerikan
„Ich habe dein Leben gerettet, indem ich dich in mein Schloss gelassen habe"
"Saya telah menyelamatkan nyawa awak dengan membenarkan awak masuk ke dalam istana saya"
"und dafür stiehlst du mir im Gegenzug meine Rosen?"
"dan untuk ini awak mencuri bunga ros saya sebagai balasan?"
„Die Rosen sind für mich mehr wert als alles andere"
"Mawar yang saya hargai melebihi apa-apa"
„Aber du wirst für das, was du getan hast, sterben"
"tetapi kamu akan mati kerana apa yang kamu telah lakukan"

„Ich gebe Ihnen nur eine Viertelstunde, um sich vorzubereiten"
"Saya beri awak hanya seperempat jam untuk mempersiapkan diri"
„Bereiten Sie sich auf den Tod vor und sprechen Sie Ihre Gebete"
"Bersedialah untuk menghadapi kematian dan berdoalah"
der Kaufmann fiel auf die Knie
saudagar itu jatuh melutut
und er hob beide Hände
dan dia mengangkat kedua tangannya
„Mein Herr, ich flehe Sie an, mir zu vergeben"
"Tuanku, patik mohon ampunkan aku"
„Ich hatte nicht die Absicht, Sie zu beleidigen"
"Saya tidak berniat untuk menyinggung perasaan awak"
„Ich habe für eine meiner Töchter eine Rose gepflückt"
"Saya mengumpulkan sekuntum mawar untuk salah seorang anak perempuan saya"
„Sie bat mich, ihr eine Rose mitzubringen"
"dia minta saya bawakan sekuntum bunga ros"
„Ich bin nicht euer Herr, sondern ein Tier", antwortete das Monster
"Saya bukan tuanmu, tetapi saya seekor binatang," jawab raksasa itu
„Ich mag keine Komplimente"
"Saya tidak suka pujian"
„Ich mag Menschen, die so sprechen, wie sie denken"
"Saya suka orang yang bercakap seperti yang mereka fikirkan"
„glauben Sie nicht, dass ich durch Schmeicheleien bewegt werden kann"
"jangan bayangkan saya boleh terharu dengan sanjungan"
„Aber Sie sagen, Sie haben Töchter"
"Tapi awak cakap awak ada anak perempuan"
„Ich werde dir unter einer Bedingung vergeben"
"Saya akan maafkan awak dengan satu syarat"
„Eine deiner Töchter muss freiwillig in meinen Palast

kommen"
"salah seorang anak perempuan kamu mesti datang ke istana saya dengan rela hati"
"und sie muss für dich leiden"
"dan dia mesti menderita untuk awak"
„**Gib mir Dein Wort"**
"Izinkan saya menyampaikan kata-kata anda"
„**Und dann können Sie Ihren Geschäften nachgehen"**
"dan kemudian anda boleh meneruskan perniagaan anda"
„**Versprich mir das:"**
"Janji dengan saya ini:"
„**Wenn Ihre Tochter sich weigert, für Sie zu sterben, müssen Sie innerhalb von drei Monaten zurückkehren"**
"Jika anak perempuan anda enggan mati untuk anda, anda mesti kembali dalam masa tiga bulan"
der Kaufmann hatte nicht die Absicht, seine Töchter zu opfern
saudagar itu tidak berniat untuk mengorbankan anak perempuannya
aber da ihm Zeit gegeben wurde, wollte er seine Töchter noch einmal sehen
tetapi, memandangkan dia diberi masa, dia ingin berjumpa dengan anak-anak perempuannya sekali lagi
also versprach er, dass er zurückkehren würde
jadi dia berjanji akan kembali
und das Tier sagte ihm, er könne aufbrechen, wann er wolle
dan binatang itu memberitahunya bahawa dia boleh pergi apabila dia mahu
und das Tier erzählte ihm noch etwas
dan binatang itu memberitahunya satu perkara lagi
„**Du sollst nicht mit leeren Händen gehen"**
"kamu tidak boleh pergi dengan tangan kosong"
„**Geh zurück in das Zimmer, in dem du lagst"**
"Balik ke bilik tempat awak berbaring"
„**Sie werden eine große leere Schatzkiste sehen"**
"anda akan melihat peti harta karun yang besar"

„Fülle die Schatzkiste mit allem, was Dir am besten gefällt"
"isi peti harta karun dengan apa sahaja yang anda suka"
„und ich werde die Schatzkiste zu Dir nach Hause schicken"
"dan saya akan menghantar peti harta karun ke rumah anda"
und gleichzeitig zog sich das Tier zurück
dan pada masa yang sama binatang itu berundur
„Nun", sagte sich der gute Mann
"Baiklah," kata lelaki yang baik itu kepada dirinya sendiri
„Wenn ich sterben muss, werde ich meinen Kindern wenigstens etwas hinterlassen"
"Jika saya mesti mati, saya akan meninggalkan sesuatu untuk anak-anak saya"
so kehrte er ins Schlafzimmer zurück
jadi dia kembali ke bilik tidur
und er fand sehr viele Goldstücke
dan dia mendapati banyak keping emas
er füllte die Schatzkiste, die das Tier erwähnt hatte
dia memenuhi peti harta karun yang disebut oleh binatang itu
und er holte sein Pferd aus dem Stall
dan dia mengeluarkan kudanya dari kandang
die Freude, die er beim Betreten des Palastes empfand, war nun genauso groß wie die Trauer, die er beim Verlassen des Palastes empfand
kegembiraan yang dirasainya ketika memasuki istana itu kini menyamai kesedihan yang dirasainya meninggalkannya
Das Pferd nahm einen der Wege im Wald
kuda itu mengambil salah satu jalan di hutan
und in wenigen Stunden war der gute Mann zu Hause
dan dalam beberapa jam lelaki yang baik itu telah pulang
seine Kinder kamen zu ihm
anak-anaknya datang kepadanya
aber anstatt ihre Umarmungen mit Freude entgegenzunehmen, sah er sie an
tetapi daripada menerima pelukan mereka dengan senang hati, dia memandang mereka
er hielt den Ast hoch, den er in den Händen hielt

dia mengangkat dahan yang ada di tangannya
und dann brach er in Tränen aus
dan kemudian dia menangis
„Schönheit", sagte er, „nimm bitte diese Rosen"
"Cantik," katanya, "tolong ambil mawar ini"
„Sie können nicht wissen, wie teuer diese Rosen waren"
"anda tidak boleh tahu betapa mahalnya bunga mawar ini"
„Diese Rosen haben deinen Vater das Leben gekostet"
"bunga ros ini telah meragut nyawa ayah kamu"
und dann erzählte er von seinem tödlichen Abenteuer
dan kemudian dia menceritakan pengembaraan mautnya
Sofort schrien die beiden ältesten Schwestern
serta-merta dua orang kakak sulung itu menjerit
und sie sagten viele gemeine Dinge zu ihrer schönen Schwester
dan mereka berkata banyak perkara jahat kepada kakak mereka yang cantik
aber die Schönheit weinte überhaupt nicht
tetapi kecantikan tidak menangis sama sekali
„Seht euch den Stolz dieses kleinen Schurken an", sagten sie
"Lihatlah kebanggaan si celaka kecil itu," kata mereka
„Sie hat nicht nach schönen Kleidern gefragt"
"dia tidak meminta pakaian yang bagus"
„Sie hätte tun sollen, was wir getan haben"
"dia sepatutnya melakukan apa yang kita lakukan"
„Sie wollte sich hervortun"
"dia mahu membezakan dirinya"
„so wird sie nun den Tod unseres Vaters bedeuten"
"jadi sekarang dia akan menjadi kematian ayah kita"
„und doch vergießt sie keine Träne"
"namun dia tidak menitiskan air mata"
"Warum sollte ich weinen?", antwortete die Schönheit
"Kenapa saya perlu menangis?" jawab kecantikan
„Weinen wäre völlig unnötig"
"menangis akan menjadi sangat sia-sia"

„Mein Vater wird nicht für mich leiden"
"Ayah saya tidak akan menderita untuk saya"
„Das Monster wird eine seiner Töchter akzeptieren"
"raksasa itu akan menerima salah seorang anak perempuannya"
„Ich werde mich seiner ganzen Wut aussetzen"
"Saya akan mempersembahkan diri saya kepada semua kemarahannya"
„Ich bin sehr glücklich, denn mein Tod wird das Leben meines Vaters retten"
"Saya sangat gembira, kerana kematian saya akan menyelamatkan nyawa ayah saya"
„Mein Tod wird ein Beweis meiner Liebe sein"
"kematianku akan menjadi bukti cintaku"
„Nein, Schwester", sagten ihre drei Brüder
"Tidak, kakak," kata tiga orang abangnya
„das darf nicht sein"
"itu tidak akan menjadi"
„Wir werden das Monster finden"
"kita akan pergi mencari raksasa itu"
"und entweder wir werden ihn töten..."
"dan sama ada kita akan membunuhnya..."
„... oder wir werden bei dem Versuch umkommen"
"... atau kita akan binasa dalam percubaan"
„Stellt euch nichts dergleichen vor, meine Söhne", sagte der Kaufmann
"Jangan bayangkan perkara seperti itu, anak-anakku," kata saudagar itu
„Die Kraft des Biests ist so groß, dass ich keine Hoffnung habe, dass Ihr es besiegen könntet."
"Kekuatan binatang itu sangat hebat sehingga saya tidak berharap anda dapat mengatasinya"
„Ich bin entzückt von dem freundlichen und großzügigen Angebot der Schönheit"
"Saya terpesona dengan tawaran cantik dan murah hati"
„aber ich kann ihre Großzügigkeit nicht annehmen"

"tetapi saya tidak boleh menerima kemurahan hatinya"
„Ich bin alt und habe nicht mehr lange zu leben"
"Saya sudah tua, dan saya tidak mempunyai masa yang lama untuk hidup"
„also kann ich nur ein paar Jahre verlieren"
"jadi saya hanya boleh kehilangan beberapa tahun"
„Zeit, die ich für euch bereue, meine lieben Kinder"
"masa yang saya kesalkan untuk kamu, anak-anakku sayang"
„Aber Vater", sagte die Schönheit
"Tetapi ayah," kata kecantikan
„Du sollst nicht ohne mich in den Palast gehen"
"anda tidak boleh pergi ke istana tanpa saya"
„Du kannst mich nicht davon abhalten, dir zu folgen"
"Anda tidak boleh menghalang saya daripada mengikuti anda"

nichts könnte Schönheit vom Gegenteil überzeugen
tiada apa yang boleh meyakinkan kecantikan sebaliknya
Sie bestand darauf, in den schönen Palast zu gehen
dia berkeras untuk pergi ke istana yang indah itu
und ihre Schwestern waren erfreut über ihre Beharrlichkeit
dan adik-adiknya gembira dengan desakannya
Der Kaufmann war besorgt bei dem Gedanken, seine Tochter zu verlieren
Peniaga itu bimbang apabila memikirkan kehilangan anak perempuannya
er war so besorgt, dass er die Truhe voller Gold vergessen hatte
dia sangat risau sehinggakan dia terlupa tentang dada yang penuh dengan emas
Abends begab er sich zur Ruhe und schloss die Tür seines Zimmers.
pada waktu malam dia bersara untuk berehat, dan dia menutup pintu biliknya
Dann fand er zu seinem großen Erstaunen den Schatz neben seinem Bett.
kemudian, dengan kehairanan yang besar, dia mendapati

harta itu di sebelah katilnya
er war entschlossen, es seinen Kindern nicht zu erzählen
dia bertekad untuk tidak memberitahu anak-anaknya
Wenn sie es gewusst hätten, wären sie in die Stadt zurückgekehrt
kalau mereka tahu, pasti mereka mahu pulang ke bandar
und er war entschlossen, das Land nicht zu verlassen
dan dia bertekad untuk tidak meninggalkan kawasan luar bandar
aber er vertraute der Schönheit das Geheimnis
tetapi dia mempercayai kecantikan dengan rahsia itu
Sie teilte ihm mit, dass zwei Herren gekommen seien
dia memberitahunya bahawa dua orang lelaki telah datang
und sie machten ihren Schwestern einen Heiratsantrag
dan mereka melamar adik-adiknya
Sie bat ihren Vater, ihrer Heirat zuzustimmen
dia merayu ayahnya untuk merestui perkahwinan mereka
und sie bat ihn, ihnen etwas von seinem Vermögen zu geben
dan dia memintanya untuk memberikan mereka sebahagian daripada kekayaannya
sie hatte ihnen bereits vergeben
dia sudah memaafkan mereka
Die bösen Kreaturen rieben ihre Augen mit Zwiebeln
makhluk jahat itu menggosok mata mereka dengan bawang
um beim Abschied von der Schwester ein paar Tränen zu vergießen
untuk memaksa beberapa air mata apabila mereka berpisah dengan kakak mereka
aber ihre Brüder waren wirklich besorgt
tetapi abang-abangnya benar-benar prihatin
Schönheit war die einzige, die keine Tränen vergoss
kecantikan adalah satu-satunya yang tidak menitiskan air mata
sie wollte ihr Unbehagen nicht vergrößern
dia tidak mahu menambah keresahan mereka

Das Pferd nahm den direkten Weg zum Palast
kuda itu mengambil jalan terus ke istana
und gegen Abend sahen sie den erleuchteten Palast
dan menjelang petang mereka melihat istana yang bercahaya
das Pferd begab sich wieder in den Stall
kuda itu membawa dirinya ke dalam kandang semula
und der gute Mann und seine Tochter gingen in die große Halle
dan lelaki yang baik dan anak perempuannya pergi ke dewan besar
hier fanden sie einen herrlich gedeckten Tisch
di sini mereka mendapati sebuah meja yang terhidang dengan indah
der Kaufmann hatte keinen Appetit zu essen
saudagar itu tidak berselera untuk makan
aber die Schönheit bemühte sich, fröhlich zu erscheinen
tetapi kecantikan berusaha untuk kelihatan ceria
sie setzte sich an den Tisch und half ihrem Vater
dia duduk di meja dan membantu ayahnya
aber sie dachte auch bei sich:
tetapi dia juga berfikir pada dirinya sendiri:
„Das Biest will mich sicher mästen, bevor es mich frisst"
"Binatang pasti mahu menggemukkan saya sebelum dia memakan saya"
„deshalb sorgt er für so viel Unterhaltung"
"sebab itu dia menyediakan hiburan yang banyak"
Nachdem sie gegessen hatten, hörten sie ein großes Geräusch
selepas mereka makan mereka mendengar bunyi yang kuat
und der Kaufmann verabschiedete sich mit Tränen in den Augen von seinem unglücklichen Kind
dan saudagar itu mengucapkan selamat tinggal kepada anaknya yang malang itu, dengan linangan air mata
weil er wusste, dass das Biest kommen würde
kerana dia tahu binatang itu akan datang
Die Schönheit war entsetzt über seine schreckliche Gestalt

kecantikan sangat takut dengan bentuknya yang mengerikan
aber sie nahm ihren Mut zusammen, so gut sie konnte
tetapi dia mengambil keberanian sebaik mungkin
und das Monster fragte sie, ob sie freiwillig mitkäme
dan raksasa itu bertanya kepadanya sama ada dia datang dengan rela
"ja, ich bin freiwillig gekommen", sagte sie zitternd
"Ya, saya datang dengan rela hati," katanya terketar-ketar
Das Tier antwortete: „Du bist sehr gut"
binatang itu menjawab, "Kamu sangat baik"
„und ich bin Ihnen zu großem Dank verpflichtet, ehrlicher Mann"
"dan saya sangat berkewajiban kepada anda; orang yang jujur"
„Geht morgen früh eure Wege"
"pergilah esok pagi"
„aber denk nie daran, wieder hierher zu kommen"
"tetapi jangan pernah terfikir untuk datang ke sini lagi"
„Lebe wohl, Schönheit, lebe wohl, Biest", antwortete er
"Selamat tinggal kecantikan, selamat tinggal binatang," jawabnya
und sofort zog sich das Monster zurück
dan segera raksasa itu berundur
"Oh, Tochter", sagte der Kaufmann
"Oh, anak perempuan," kata saudagar itu
und er umarmte seine Tochter noch einmal
dan dia memeluk anak perempuannya sekali lagi
„Ich habe fast Todesangst"
"Saya hampir mati ketakutan"
„glauben Sie mir, Sie sollten lieber zurückgehen"
"Percayalah, lebih baik kamu kembali"
„Lass mich hier bleiben, statt dir"
"biar saya tinggal di sini, bukannya awak"
„Nein, Vater", sagte die Schönheit entschlossen
"Tidak, ayah," kata kecantikan, dengan nada tegas
„Du sollst morgen früh aufbrechen"

"Esok pagi kamu akan berangkat"
„überlasse mich der Obhut und dem Schutz der Vorsehung"
"serahkan saya kepada pemeliharaan dan perlindungan rezeki"
trotzdem gingen sie zu Bett
walau bagaimanapun mereka pergi tidur
Sie dachten, sie würden die ganze Nacht kein Auge zutun
mereka fikir mereka tidak akan menutup mata sepanjang malam
aber als sie sich hinlegten, schliefen sie ein
tetapi hanya ketika mereka berbaring mereka tidur
Die Schönheit träumte, eine schöne Dame kam und sagte zu ihr:
kecantikan bermimpi seorang wanita cantik datang dan berkata kepadanya:
„Ich bin zufrieden, Schönheit, mit deinem guten Willen"
"Saya berpuas hati, cantik, dengan kehendak baik anda"
„Diese gute Tat von Ihnen wird nicht unbelohnt bleiben"
"Tindakan baik kamu ini tidak akan sia-sia"
Die Schöne erwachte und erzählte ihrem Vater ihren Traum
kecantikan bangun dan memberitahu ayahnya mimpinya
der Traum tröstete ihn ein wenig
mimpi itu membantu untuk menghiburkannya sedikit
aber er konnte nicht anders, als bitterlich zu weinen, als er ging
tetapi dia tidak dapat menahan tangisannya ketika dia akan pergi
Sobald er weg war, setzte sich Schönheit in die große Halle und weinte ebenfalls
sebaik sahaja dia pergi, kecantikan duduk di dewan besar dan menangis juga
aber sie beschloss, sich keine Sorgen zu machen
tetapi dia memutuskan untuk tidak berasa gelisah
Sie beschloss, in der kurzen Zeit, die ihr noch zu leben blieb, stark zu sein
dia memutuskan untuk menjadi kuat untuk sedikit masa yang

dia tinggalkan untuk hidup
weil sie fest davon überzeugt war, dass das Biest sie fressen würde
kerana dia sangat percaya binatang itu akan memakannya
Sie dachte jedoch, sie könnte genauso gut den Palast erkunden
Walau bagaimanapun, dia fikir dia juga boleh meneroka istana
und sie wollte das schöne Schloss besichtigen
dan dia mahu melihat istana yang indah itu
ein Schloss, das sie bewundern musste
sebuah istana yang dia tidak dapat mengelak mengagumi
Es war ein wunderbar angenehmer Palast
ia adalah sebuah istana yang menyenangkan
und sie war äußerst überrascht, als sie eine Tür sah
dan dia sangat terkejut apabila melihat sebuah pintu
und über der Tür stand, dass es ihr Zimmer sei
dan di atas pintu itu tertulis bahawa itu adalah biliknya
sie öffnete hastig die Tür
dia membuka pintu dengan tergesa-gesa
und sie war ganz geblendet von der Pracht des Raumes
dan dia agak terpesona dengan kemegahan bilik itu
was ihre Aufmerksamkeit vor allem auf sich zog, war eine große Bibliothek
apa yang paling menarik perhatiannya ialah sebuah perpustakaan yang besar
ein Cembalo und mehrere Notenbücher
sebuah harpsichord dan beberapa buku muzik
„Nun", sagte sie zu sich selbst
"Nah," katanya kepada dirinya sendiri
„Ich sehe, das Biest wird meine Zeit nicht verstreichen lassen"
"Saya melihat binatang itu tidak akan membiarkan masa saya tergantung berat"
dann dachte sie über ihre Situation nach
kemudian dia merenung sendiri tentang keadaannya

„Wenn ich einen Tag bleiben sollte, wäre das alles nicht hier"
"Jika saya dimaksudkan untuk tinggal sehari, semua ini tidak akan ada di sini"
diese Überlegung gab ihr neuen Mut
pertimbangan ini memberi inspirasi kepadanya dengan keberanian yang segar
und sie nahm ein Buch aus ihrer neuen Bibliothek
dan dia mengambil buku dari perpustakaan baharunya
und sie las diese Worte in goldenen Buchstaben:
dan dia membaca kata-kata ini dalam huruf emas:
„Begrüße Schönheit, vertreibe die Angst"
"Selamat datang cantik, buang ketakutan"
„Du bist hier Königin und Herrin"
"Anda adalah permaisuri dan perempuan simpanan di sini"
„Sprich deine Wünsche aus, sprich deinen Willen aus"
"Cakap kehendak anda, luahkan kehendak anda"
„Schneller Gehorsam begegnet hier Ihren Wünschen"
"Ketaatan pantas memenuhi kehendak anda di sini"
"Ach", sagte sie mit einem Seufzer
"Aduhai," katanya sambil mengeluh
„Am meisten wünsche ich mir, meinen armen Vater zu sehen"
"Paling penting saya ingin melihat ayah saya yang malang"
„und ich würde gerne wissen, was er tut"
"dan saya ingin tahu apa yang dia lakukan"
Kaum hatte sie das gesagt, bemerkte sie den Spiegel
Sebaik sahaja dia berkata demikian, dia melihat cermin itu
zu ihrem großen Erstaunen sah sie ihr eigenes Zuhause im Spiegel
sangat hairan dia melihat rumahnya sendiri di cermin
Ihr Vater kam emotional erschöpft an
bapanya tiba dalam keadaan letih
Ihre Schwestern gingen ihm entgegen
adik-adiknya pergi menemuinya
trotz ihrer Versuche, traurig zu wirken, war ihre Freude

sichtbar
walaupun mereka cuba untuk kelihatan sedih, kegembiraan mereka dapat dilihat
einen Moment später war alles verschwunden
sekejap kemudian semuanya hilang
und auch die Befürchtungen der Schönheit verschwanden
dan kebimbangan kecantikan juga hilang
denn sie wusste, dass sie dem Tier vertrauen konnte
kerana dia tahu dia boleh mempercayai binatang itu
Mittags fand sie das Abendessen fertig
Pada tengah hari dia mendapati makan malam sudah siap
sie setzte sich an den Tisch
dia duduk di meja
und sie wurde mit einem Musikkonzert unterhalten
dan dia dihiburkan dengan konsert muzik
obwohl sie niemanden sehen konnte
walaupun dia tidak dapat melihat sesiapa pun
abends setzte sie sich wieder zum Abendessen
pada waktu malam dia duduk untuk makan malam lagi
diesmal hörte sie das Geräusch, das das Tier machte
kali ini dia mendengar bunyi yang dibuat oleh binatang itu
und sie konnte nicht anders, als Angst zu haben
dan dia tidak dapat menahan ketakutan
"Schönheit", sagte das Monster
"kecantikan," kata raksasa itu
"erlaubst du mir, mit dir zu essen?"
"Awak benarkan saya makan dengan awak?"
"Mach, was du willst", antwortete die Schönheit zitternd
"buat sesuka hati," jawab kecantikan terketar-ketar
„Nein", antwortete das Tier
"Tidak," jawab binatang itu
„Du allein bist hier die Herrin"
"anda seorang perempuan simpanan di sini"
„Sie können mich wegschicken, wenn ich Ärger mache"
"awak boleh hantar saya pergi kalau saya susah"
„schick mich fort, und ich werde mich sofort zurückziehen"

"Hantar saya pergi dan saya akan segera menarik diri"
„Aber sagen Sie mir: Finden Sie mich nicht sehr hässlich?"
"Tetapi, beritahu saya; adakah anda tidak fikir saya sangat hodoh?"
„Das stimmt", sagte die Schönheit
"Itu benar," kata kecantikan
„Ich kann nicht lügen"
"Saya tidak boleh bercakap bohong"
„aber ich glaube, Sie sind sehr gutmütig"
"tetapi saya percaya awak sangat baik"
„Das bin ich tatsächlich", sagte das Monster
"Saya memang," kata raksasa itu
„Aber abgesehen von meiner Hässlichkeit habe ich auch keinen Verstand"
"Tetapi selain dari keburukan saya, saya juga tidak mempunyai akal"
„Ich weiß sehr wohl, dass ich ein dummes Wesen bin"
"Saya tahu betul bahawa saya adalah makhluk yang bodoh"
„Es ist kein Zeichen von Torheit, so zu denken", antwortete die Schönheit
"Ia bukan tanda kebodohan untuk berfikir begitu," jawab kecantikan
„Dann iss, Schönheit", sagte das Monster
"Makan kemudian, cantik," kata raksasa itu
„Versuchen Sie, sich in Ihrem Palast zu amüsieren"
"cuba berhibur di istanamu"
"alles hier gehört dir"
"semua di sini adalah milik anda"
„Und ich wäre sehr unruhig, wenn Sie nicht glücklich wären"
"dan saya akan berasa sangat tidak senang jika anda tidak gembira"
„Sie sind sehr zuvorkommend", antwortete die Schönheit
"Anda sangat mewajibkan," jawab kecantikan
„Ich gebe zu, ich freue mich über Ihre Freundlichkeit"
"Saya akui saya redha dengan kebaikan awak"

„Und wenn ich über deine Freundlichkeit nachdenke, fallen mir deine Missbildungen kaum auf"
"dan apabila saya mempertimbangkan kebaikan anda, saya hampir tidak menyedari kecacatan anda"
„Ja, ja", sagte das Tier, „mein Herz ist gut
"Ya, ya," kata binatang itu, "hati saya baik
„Aber obwohl ich gut bin, bin ich immer noch ein Monster"
"tetapi walaupun saya baik, saya tetap raksasa"
„Es gibt viele Männer, die diesen Namen mehr verdienen als Sie."
"Terdapat ramai lelaki yang lebih berhak mendapat nama itu daripada kamu"
„und ich bevorzuge dich, so wie du bist"
"dan saya lebih suka awak seadanya"
„und ich ziehe dich denen vor, die ein undankbares Herz verbergen"
"dan aku lebih mengutamakan kamu daripada mereka yang menyembunyikan hati yang kufur"
"Wenn ich nur etwas Verstand hätte", antwortete das Biest
"Sekiranya saya mempunyai akal," jawab binatang itu
„Wenn ich vernünftig wäre, würde ich Ihnen als Dank ein schönes Kompliment machen"
"Jika saya mempunyai akal, saya akan membuat pujian yang baik untuk mengucapkan terima kasih"
"aber ich bin so langweilig"
"tetapi saya sangat membosankan"
„Ich kann nur sagen, dass ich Ihnen zu großem Dank verpflichtet bin"
"Saya hanya boleh mengatakan bahawa saya sangat bertanggungjawab kepada anda"
Schönheit aß ein herzhaftes Abendessen
kecantikan makan malam yang enak
und sie hatte ihre Angst vor dem Monster fast überwunden
dan dia telah hampir menakluki ketakutannya terhadap raksasa itu
aber sie wollte ohnmächtig werden, als das Biest ihr die

nächste Frage stellte
tetapi dia mahu pengsan apabila binatang itu bertanya kepadanya soalan seterusnya
"Schönheit, willst du meine Frau werden?"
"cantik, sudikah awak menjadi isteri saya?"
es dauerte eine Weile, bis sie antworten konnte
dia mengambil sedikit masa sebelum dia boleh menjawab
weil sie Angst hatte, ihn wütend zu machen
kerana dia takut membuat dia marah
Schließlich sagte sie jedoch "nein, Biest"
akhirnya, bagaimanapun, dia berkata "tidak, binatang"
sofort zischte das arme Monster ganz fürchterlich
serta-merta raksasa malang itu mendesis dengan sangat menakutkan
und der ganze Palast hallte
dan seluruh istana bergema
aber die Schönheit erholte sich bald von ihrem Schrecken
tetapi kecantikan segera pulih daripada ketakutannya
denn das Tier sprach wieder mit trauriger Stimme
kerana binatang itu bercakap lagi dengan suara yang sedih
„**Dann leb wohl, Schönheit"**
"maka selamat tinggal, cantik"
und er drehte sich nur ab und zu um
dan dia hanya menoleh ke belakang
um sie anzusehen, als er hinausging
untuk melihatnya semasa dia keluar
jetzt war die Schönheit wieder allein
kini kecantikan kembali bersendirian
Sie empfand großes Mitgefühl
dia berasa amat belas kasihan
„**Ach, es ist tausendmal schade"**
"Aduhai, seribu kesian"
„**Etwas, das so gutmütig ist, sollte nicht so hässlich sein"**
"sesuatu yang berbudi pekerti yang baik seharusnya tidak begitu hodoh"
Schönheit verbrachte drei Monate sehr zufrieden im Palast

kecantikan menghabiskan tiga bulan dengan sangat puas di istana
jeden Abend stattete ihr das Biest einen Besuch ab
setiap petang binatang itu melawatnya
und sie redeten beim Abendessen
dan mereka bercakap semasa makan malam
Sie sprachen mit gesundem Menschenverstand
mereka bercakap dengan akal
aber sie sprachen nicht mit dem, was man als geistreich bezeichnet
tetapi mereka tidak bercakap dengan apa yang orang panggil wittiness
Schönheit entdeckte immer einen wertvollen Charakter im Biest
kecantikan sentiasa menemui beberapa watak berharga dalam binatang itu
und sie hatte sich an seine Missbildung gewöhnt
dan dia telah terbiasa dengan kecacatannya
sie fürchtete sich nicht mehr vor seinem Besuch
dia tidak takut masa lawatannya lagi
jetzt schaute sie oft auf die Uhr
kini dia sering melihat jam tangannya
und sie konnte es kaum erwarten, bis es neun Uhr war
dan dia tidak sabar menunggu sehingga pukul sembilan
denn das Tier kam immer zu dieser Stunde
kerana binatang itu tidak pernah ketinggalan datang pada waktu itu
Es gab nur eine Sache, die Schönheit betraf
hanya ada satu perkara yang mementingkan kecantikan
jeden Abend, bevor sie ins Bett ging, stellte ihr das Biest die gleiche Frage
setiap malam sebelum dia tidur, binatang itu bertanya soalan yang sama
Das Monster fragte sie, ob sie seine Frau werden wolle
raksasa itu bertanya kepadanya sama ada dia akan menjadi isterinya

Eines Tages sagte sie zu ihm: „Biest, du machst mir große Sorgen."
suatu hari dia berkata kepadanya, "binatang, kamu membuat saya sangat tidak senang"
„Ich wünschte, ich könnte einwilligen, dich zu heiraten"
"Saya harap saya boleh bersetuju untuk berkahwin dengan awak"
„Aber ich bin zu aufrichtig, um dir zu glauben zu machen, dass ich dich heiraten würde"
"tetapi saya terlalu ikhlas untuk membuat awak percaya saya akan berkahwin dengan awak"
„Unsere Ehe wird nie stattfinden"
"perkahwinan kita tidak akan berlaku"
„Ich werde dich immer als Freund sehen"
"Saya akan sentiasa melihat awak sebagai kawan"
„Bitte versuchen Sie, damit zufrieden zu sein"
"sila cuba berpuas hati dengan ini"
„Damit muss ich zufrieden sein", sagte das Tier
"Saya mesti berpuas hati dengan ini," kata binatang itu
„Ich kenne mein eigenes Unglück"
"Saya tahu nasib saya sendiri"
„aber ich liebe dich mit der zärtlichsten Zuneigung"
"tetapi saya mencintai awak dengan kasih sayang yang paling lembut "
„Ich sollte mich jedoch als glücklich betrachten"
"Namun, saya patut menganggap diri saya gembira"
"und ich würde mich freuen, wenn du hier bleibst"
"dan saya sepatutnya gembira awak akan tinggal di sini"
„versprich mir, mich nie zu verlassen"
"berjanjilah pada saya untuk tidak meninggalkan saya"
Schönheit errötete bei diesen Worten
kecantikan tersipu-sipu mendengar kata-kata ini
Eines Tages schaute die Schönheit in ihren Spiegel
suatu hari kecantikan sedang melihat cerminnya
ihr Vater hatte sich schreckliche Sorgen um sie gemacht
bapanya telah bimbang dirinya sakit untuk dia

sie sehnte sich mehr denn je danach, ihn wiederzusehen
dia rindu untuk berjumpa dengannya lagi lebih daripada sebelumnya
„Ich könnte versprechen, dich nie ganz zu verlassen"
"Saya boleh berjanji tidak akan meninggalkan awak sepenuhnya"
„aber ich habe so ein großes Verlangen, meinen Vater zu sehen"
"tetapi saya mempunyai keinginan yang sangat besar untuk melihat ayah saya"
„Ich wäre unendlich verärgert, wenn Sie nein sagen würden"
"Saya pasti akan kecewa jika anda berkata tidak"
„Ich würde lieber selbst sterben", sagte das Monster
"Saya lebih suka mati sendiri," kata raksasa itu
„Ich würde lieber sterben, als dir Unbehagen zu bereiten"
"Saya lebih rela mati daripada buat awak rasa gelisah"
„Ich werde dich zu deinem Vater schicken"
"Saya akan menghantar awak kepada ayah awak"
„Du sollst bei ihm bleiben"
"kamu tetap bersamanya"
"und dieses unglückliche Tier wird stattdessen vor Kummer sterben"
"dan binatang malang ini akan mati dengan kesedihan sebaliknya"
"Nein", sagte die Schönheit weinend
"Tidak," kata kecantikan sambil menangis
„Ich liebe dich zu sehr, um die Ursache deines Todes zu sein"
"Saya terlalu sayangkan awak untuk menjadi punca kematian awak"
„Ich verspreche Ihnen, in einer Woche wiederzukommen"
"Saya berjanji kepada awak untuk kembali dalam masa seminggu"
„Du hast mir gezeigt, dass meine Schwestern verheiratet sind"

"Anda telah menunjukkan kepada saya bahawa adik-beradik saya telah berkahwin"
„und meine Brüder sind zur Armee gegangen"
"dan saudara-saudara saya telah pergi ke tentera"
"Lass mich eine Woche bei meinem Vater bleiben, da er allein ist"
"Izinkan saya tinggal seminggu dengan ayah saya, kerana dia keseorangan"
"Morgen früh wirst du dort sein", sagte das Tier
"Esok pagi kamu akan berada di sana," kata binatang itu
„Aber denk an dein Versprechen"
"tapi ingat janji awak"
„Sie brauchen Ihren Ring nur auf den Tisch zu legen, bevor Sie zu Bett gehen."
"Anda hanya perlu meletakkan cincin anda di atas meja sebelum anda tidur"
"Und dann werdet ihr vor dem Morgen zurückgebracht"
"dan kemudian kamu akan dibawa balik sebelum pagi"
„Lebe wohl, liebe Schönheit", seufzte das Tier
"Selamat tinggal sayang kecantikan," keluh binatang itu
Die Schönheit ging an diesem Abend sehr traurig ins Bett
Beauty pergi tidur sangat sedih malam itu
weil sie das Tier nicht so besorgt sehen wollte
kerana dia tidak mahu melihat binatang begitu risau
am nächsten Morgen fand sie sich im Haus ihres Vaters wieder
keesokan paginya dia mendapati dirinya berada di rumah ayahnya
sie läutete eine kleine Glocke neben ihrem Bett
dia menekan loceng kecil di tepi katilnya
und das Dienstmädchen stieß einen lauten Schrei aus
dan pembantu rumah itu menjerit kuat
und ihr Vater rannte nach oben
dan ayahnya berlari ke tingkat atas
er dachte, er würde vor Freude sterben
dia fikir dia akan mati dengan gembira

er hielt sie eine Viertelstunde lang in seinen Armen
dia memegangnya dalam pelukannya selama suku jam
irgendwann waren die ersten Grüße vorbei
akhirnya salam pertama selesai
Schönheit begann daran zu denken, aus dem Bett zu steigen
kecantikan mula berfikir untuk bangun dari katil
aber sie merkte, dass sie keine Kleidung mitgebracht hatte
tetapi dia sedar dia tidak membawa pakaian
aber das Dienstmädchen sagte ihr, sie habe eine Kiste gefunden
tetapi pembantu rumah memberitahu dia telah menjumpai sebuah kotak
der große Koffer war voller Kleider und Kleider
batang besar itu penuh dengan gaun dan gaun
jedes Kleid war mit Gold und Diamanten bedeckt
setiap gaun ditutup dengan emas dan berlian
Schönheit dankte dem Tier für seine freundliche Pflege
kecantikan berterima kasih kepada binatang atas penjagaan baiknya
und sie nahm eines der schlichtesten Kleider
dan dia mengambil salah satu pakaian yang paling jelas
Die anderen Kleider wollte sie ihren Schwestern schenken
dia berniat untuk memberikan pakaian lain kepada adik-adiknya
aber bei diesem Gedanken verschwand die Kleidertruhe
tetapi pada pemikiran itu dada pakaian hilang
Das Biest hatte darauf bestanden, dass die Kleidung nur für sie sei
binatang telah menegaskan pakaian itu adalah untuknya sahaja
ihr Vater sagte ihr, dass dies der Fall sei
bapanya memberitahunya bahawa ini adalah kesnya
und sofort kam die Kleidertruhe wieder zurück
dan serta merta belalai pakaian itu kembali semula
Schönheit kleidete sich mit ihren neuen Kleidern
kecantikan berpakaian sendiri dengan pakaian barunya

und in der Zwischenzeit gingen die Mägde los, um ihre Schwestern zu finden
dan sementara itu pembantu rumah pergi mencari adik-adiknya
Ihre beiden Schwestern waren mit ihren Ehemännern
kedua-dua kakaknya bersama suami mereka
aber ihre beiden Schwestern waren sehr unglücklich
tetapi kedua-dua kakaknya sangat tidak berpuas hati
Ihre älteste Schwester hatte einen sehr gutaussehenden Herrn geheiratet
kakak sulungnya telah berkahwin dengan seorang lelaki yang sangat kacak
aber er war so selbstgefällig, dass er seine Frau vernachlässigte
tetapi dia terlalu sayangkan dirinya sehingga mengabaikan isterinya
Ihre zweite Schwester hatte einen geistreichen Mann geheiratet
kakak keduanya telah berkahwin dengan seorang lelaki yang cerdik
aber er nutzte seinen Witz, um die Leute zu quälen
tetapi dia menggunakan kepandaiannya untuk menyeksa orang
und am meisten quälte er seine Frau
dan dia paling menyeksa isterinya
Die Schwestern der Schönheit sahen sie wie eine Prinzessin gekleidet
adik-adik kecantikan melihatnya berpakaian seperti seorang puteri
und sie waren krank vor Neid
dan mereka muak dengan iri hati
jetzt war sie schöner als je zuvor
kini dia lebih cantik dari sebelumnya
ihr liebevolles Verhalten konnte ihre Eifersucht nicht unterdrücken
perangai penyayangnya tidak dapat menyekat rasa cemburu

mereka
Sie erzählte ihnen, wie glücklich sie mit dem Tier war
dia memberitahu mereka betapa gembiranya dia dengan binatang itu
und ihre Eifersucht war kurz vor dem Platzen
dan cemburu mereka sedia membuak-buak
Sie gingen in den Garten, um über ihr Unglück zu weinen
Mereka turun ke taman untuk menangis tentang nasib malang mereka
„**Inwiefern ist dieses kleine Geschöpf besser als wir?"**
"Dalam cara apakah makhluk kecil ini lebih baik daripada kita?"
„**Warum sollte sie so viel glücklicher sein?"**
"Kenapa dia harus lebih gembira?"
„**Schwester", sagte die ältere Schwester**
"Adik," kata kakak
„**Mir ist gerade ein Gedanke gekommen"**
"sebuah fikiran hanya terlintas di fikiran saya"
„**Versuchen wir, sie länger als eine Woche hier zu behalten"**
"Mari kita cuba menahannya di sini selama lebih daripada seminggu"
„**Vielleicht macht das das dumme Monster wütend"**
"Mungkin ini akan menimbulkan kemarahan raksasa bodoh"
„**weil sie ihr Wort gebrochen hätte"**
"kerana dia akan melanggar kata-katanya"
"und dann könnte er sie verschlingen"
"dan kemudian dia mungkin memakannya"
"Das ist eine tolle Idee", antwortete die andere Schwester
"Itu idea yang bagus," jawab kakak yang lain
„**Wir müssen ihr so viel Freundlichkeit wie möglich entgegenbringen"**
"kita mesti menunjukkan kebaikan kepadanya sebanyak mungkin"
Die Schwestern fassten den Entschluss
saudari membuat ini resolusi mereka
und sie verhielten sich sehr liebevoll gegenüber ihrer

Schwester
dan mereka sangat menyayangi kakak mereka
Die arme Schönheit weinte vor Freude über all ihre Freundlichkeit
si cantik yang malang menangis kegembiraan dari segala kebaikan mereka
Als die Woche um war, weinten sie und rauften sich die Haare
apabila tamat minggu, mereka menangis dan mengoyakkan rambut mereka
es schien ihnen so leid zu tun, sich von ihr zu trennen
mereka kelihatan sangat menyesal berpisah dengannya
und die Schönheit versprach, noch eine Woche länger zu bleiben
dan kecantikan berjanji untuk tinggal seminggu lebih lama
In der Zwischenzeit konnte die Schönheit nicht umhin, über sich selbst nachzudenken
Sementara itu, kecantikan tidak dapat menahan diri daripada merenung dirinya
sie machte sich Sorgen darüber, was sie dem armen Tier antat
dia bimbang apa yang dia lakukan kepada binatang malang
Sie wusste, dass sie ihn aufrichtig liebte
dia tahu bahawa dia ikhlas mencintainya
und sie sehnte sich wirklich danach, ihn wiederzusehen
dan dia sangat rindu untuk berjumpa dengannya lagi
Auch die zehnte Nacht verbrachte sie bei ihrem Vater
malam kesepuluh dia bermalam di rumah ayahnya juga
sie träumte, sie sei im Schlossgarten
dia bermimpi dia berada di taman istana
und sie träumte, sie sähe das Tier ausgestreckt im Gras liegen
dan dia bermimpi dia melihat binatang itu terbentang di atas rumput
er schien ihr mit sterbender Stimme Vorwürfe zu machen
dia seolah-olah mencelanya dengan suara yang hampir mati

und er warf ihr Undankbarkeit vor
dan dia menuduhnya tidak berterima kasih
Schönheit erwachte aus ihrem Schlaf
kecantikan bangun dari tidurnya
und sie brach in Tränen aus
dan dia menangis
„**Bin ich nicht sehr böse?**"
"Adakah saya tidak jahat sangat?"
„**War es nicht grausam von mir, so unfreundlich gegenüber dem Tier zu sein?**"
"Bukankah saya kejam untuk bertindak begitu tidak baik kepada binatang itu?"
„**Das Biest hat alles getan, um mir zu gefallen**"
"binatang melakukan segala-galanya untuk menggembirakan saya"
"**Ist es seine Schuld, dass er so hässlich ist?**"
"Adakah salahnya bahawa dia sangat hodoh?"
„**Ist es seine Schuld, dass er so wenig Verstand hat?**"
"Adakah salahnya kerana dia kurang akal?"
„**Er ist freundlich und gut, und das genügt**"
"Dia baik dan baik, dan itu sudah memadai"
„**Warum habe ich mich geweigert, ihn zu heiraten?**"
"Kenapa saya enggan kahwin dengan dia?"
„**Ich sollte mit dem Monster glücklich sein**"
"Saya sepatutnya gembira dengan raksasa itu"
„**Schau dir die Männer meiner Schwestern an**"
"tengok suami adik-adik saya"
„**Weder Witz noch Schönheit machen sie gut**"
"kecerdasan, mahupun ketampanan tidak menjadikan mereka baik"
„**Keiner ihrer Ehemänner macht sie glücklich**"
"suami mereka tidak membahagiakan mereka"
„**sondern Tugend, Sanftmut und Geduld**"
"tetapi kebajikan, kemanisan perangai, dan kesabaran"
„**Diese Dinge machen eine Frau glücklich**"
"Perkara ini menggembirakan wanita"

„und das Tier hat all diese wertvollen Eigenschaften"
"dan binatang itu mempunyai semua sifat berharga ini"
„es ist wahr, ich empfinde keine Zärtlichkeit und Zuneigung für ihn"
"Memang benar; saya tidak merasakan kelembutan kasih sayang kepadanya"
„aber ich empfinde für ihn die allergrößte Dankbarkeit"
"tetapi saya rasa saya mempunyai rasa terima kasih yang paling tinggi untuknya"
„und ich habe die höchste Wertschätzung für ihn"
"dan saya sangat menghormatinya"
"und er ist mein bester Freund"
"dan dia kawan baik saya"
„Ich werde ihn nicht unglücklich machen"
"Saya tidak akan membuatnya sengsara"
„Wenn ich so undankbar wäre, würde ich mir das nie verzeihen"
"Sekiranya saya tidak bersyukur, saya tidak akan memaafkan diri saya sendiri"
Schönheit legte ihren Ring auf den Tisch
Beauty meletakkan cincinnya di atas meja
und sie ging wieder zu Bett
dan dia tidur semula
kaum war sie im Bett, da schlief sie ein
jarang dia berada di atas katil sebelum dia tertidur
Sie wachte am nächsten Morgen wieder auf
dia bangun semula keesokan paginya
und sie war überglücklich, sich im Palast des Tieres wiederzufinden
dan dia sangat gembira kerana mendapati dirinya berada di dalam istana binatang itu
Sie zog eines ihrer schönsten Kleider an, um ihm zu gefallen
dia memakai salah satu pakaiannya yang paling cantik untuk menggembirakannya
und sie wartete geduldig auf den Abend
dan dia sabar menunggu petang

kam die ersehnte Stunde
akhirnya masa yang diimpikan tiba
die Uhr schlug neun, doch kein Tier erschien
jam menunjukkan pukul sembilan, namun tiada binatang yang muncul
Schönheit befürchtete dann, sie sei die Ursache seines Todes gewesen
kecantikan kemudian takut dia telah menjadi punca kematiannya
Sie rannte weinend durch den ganzen Palast
dia berlari sambil menangis di sekeliling istana
nachdem sie ihn überall gesucht hatte, erinnerte sie sich an ihren Traum
selepas mencarinya di mana-mana, dia teringat mimpinya
und sie rannte zum Kanal im Garten
dan dia berlari ke terusan di taman
Dort fand sie das arme Tier ausgestreckt
di sana dia mendapati binatang malang terbentang
und sie war sicher, dass sie ihn getötet hatte
dan dia pasti dia telah membunuhnya
sie warf sich ohne Furcht auf ihn
dia melemparkan dirinya kepadanya tanpa rasa takut
sein Herz schlug noch
jantungnya masih berdegup kencang
sie holte etwas Wasser aus dem Kanal
dia mengambil sedikit air dari terusan
und sie goss das Wasser über seinen Kopf
dan dia menuangkan air itu ke atas kepalanya
Das Tier öffnete seine Augen und sprach mit der Schönheit
binatang itu membuka matanya dan bercakap tentang kecantikan
„Du hast dein Versprechen vergessen"
"Awak lupa janji awak"
„Es hat mir das Herz gebrochen, dich verloren zu haben"
"Saya sangat patah hati kerana kehilangan awak"
„Ich beschloss, zu hungern"

"Saya berazam untuk kelaparan sendiri"
„aber ich habe das Glück, Sie wiederzusehen"
"tapi saya gembira dapat berjumpa dengan awak sekali lagi"
„so habe ich das Vergnügen, zufrieden zu sterben"
"jadi saya bersenang-senang mati dengan puas"
„Nein, liebes Tier", sagte die Schönheit, „du darfst nicht sterben"
"Tidak, binatang sayang," kata kecantikan, "kamu tidak boleh mati"
„Lebe, um mein Ehemann zu sein"
"Hidup untuk menjadi suami saya"
„Von diesem Augenblick an reiche ich dir meine Hand"
"mulai saat ini saya memberikan tangan saya"
„und ich schwöre, niemand anderes als Dein zu sein"
"dan saya bersumpah untuk menjadi milik anda"
„Ach! Ich dachte, ich hätte nur Freundschaft für dich."
"Aduhai! Saya fikir saya hanya mempunyai persahabatan untuk awak"
"aber der Kummer, den ich jetzt fühle, überzeugt mich;"
"tetapi kesedihan yang saya rasakan sekarang meyakinkan saya;"
„Ich kann nicht ohne dich leben"
"Saya tidak boleh hidup tanpa awak"
Schönheit hatte diese Worte kaum gesagt, als sie ein Licht sah
beauty scarce telah mengucapkan kata-kata ini apabila dia melihat cahaya
der Palast funkelte im Licht
istana berkilauan dengan cahaya
Feuerwerk erleuchtete den Himmel
bunga api menerangi langit
und die Luft erfüllt mit Musik
dan udara dipenuhi dengan muzik
alles kündigte ein großes Ereignis an
segala-galanya memberi notis tentang beberapa peristiwa besar

aber nichts konnte ihre Aufmerksamkeit fesseln
tetapi tiada apa yang dapat menarik perhatiannya
sie wandte sich ihrem lieben Tier zu
dia berpaling kepada binatang kesayangannya
das Tier, vor dem sie vor Angst zitterte
binatang yang baginya dia menggeletar ketakutan
aber ihre Überraschung über das, was sie sah, war groß!
tetapi kejutannya sangat hebat dengan apa yang dilihatnya!
das Tier war verschwunden
binatang itu telah hilang
stattdessen sah sie den schönsten Prinzen
sebaliknya dia melihat putera tercantik
sie hatte den Zauber beendet
dia telah menamatkan mantera itu
ein Zauber, unter dem er einem Tier ähnelte
mantera di mana dia menyerupai binatang
dieser Prinz war all ihre Aufmerksamkeit wert
putera raja ini layak mendapat perhatiannya
aber sie konnte nicht anders und musste fragen, wo das Biest war
tetapi dia tidak dapat membantu tetapi bertanya di mana binatang itu
„Du siehst ihn zu deinen Füßen", sagte der Prinz
"Anda melihat dia di kaki anda," kata putera raja
„Eine böse Fee hatte mich verdammt"
"Seorang peri jahat telah mengutuk saya"
„Ich sollte diese Gestalt behalten, bis eine wunderschöne Prinzessin einwilligte, mich zu heiraten."
"Saya akan kekal dalam bentuk itu sehingga seorang puteri cantik bersetuju untuk mengahwini saya"
„Die Fee hat mein Verständnis verborgen"
"peri itu menyembunyikan pemahaman saya"
„Du warst der Einzige, der großzügig genug war, um von meiner guten Laune bezaubert zu sein."
"Anda adalah satu-satunya yang cukup murah hati untuk terpesona oleh kebaikan perangai saya"

Schönheit war angenehm überrascht
kecantikan terkejut dengan gembira
und sie gab dem bezaubernden Prinzen ihre Hand
dan dia memberikan putera yang menawan tangannya
Sie gingen zusammen ins Schloss
mereka pergi bersama-sama ke dalam istana
und die Schöne war überglücklich, ihren Vater im Schloss zu finden
dan kecantikan sangat gembira untuk menemui bapanya di istana
und ihre ganze Familie war auch da
dan seluruh keluarganya juga berada di sana
sogar die schöne Dame, die in ihrem Traum erschienen war, war da
malah wanita cantik yang muncul dalam mimpinya juga ada di sana
"Schönheit", sagte die Dame aus dem Traum
"Kecantikan," kata wanita dari mimpi itu
„Komm und empfange deine Belohnung"
"Datang dan terima ganjaran anda"
„Sie haben die Tugend dem Witz oder dem Aussehen vorgezogen"
"kamu lebih mengutamakan kebaikan daripada kecerdasan atau rupa"
„und Sie verdienen jemanden, in dem diese Eigenschaften vereint sind"
"dan anda layak mendapat seseorang yang mempunyai sifat-sifat ini bersatu"
„Du wirst eine großartige Königin sein"
"anda akan menjadi ratu yang hebat"
„Ich hoffe, der Thron wird deine Tugend nicht schmälern"
"Saya harap takhta tidak akan mengurangkan kemuliaan anda"
Dann wandte sich die Fee an die beiden Schwestern
kemudian pari-pari itu menoleh ke arah dua beradik itu
„Ich habe in eure Herzen geblickt"

"Saya telah melihat di dalam hati anda"
„und ich kenne die ganze Bosheit, die in euren Herzen steckt"
"dan saya tahu semua kedengkian yang terkandung dalam hati kamu"
„Ihr beide werdet zu Statuen"
"kamu berdua akan menjadi patung"
„Aber ihr werdet euren Verstand bewahren"
"tetapi anda akan menjaga fikiran anda"
„Du sollst vor den Toren des Palastes deiner Schwester stehen"
"Engkau hendaklah berdiri di pintu gerbang istana kakakmu"
„Das Glück deiner Schwester soll deine Strafe sein"
"kebahagiaan adikmu akan menjadi hukumanmu"
„Sie werden nicht in Ihren früheren Zustand zurückkehren können"
"anda tidak akan dapat kembali ke negeri dahulu"
„es sei denn, Sie beide geben Ihre Fehler zu"
"kecuali, kamu berdua mengaku kesalahan kamu"
„Aber ich sehe voraus, dass ihr immer Statuen bleiben werdet"
"tetapi saya menjangka bahawa anda akan sentiasa menjadi patung"
„Stolz, Zorn, Völlerei und Faulheit werden manchmal besiegt"
"Kebanggaan, kemarahan, kerakusan, dan kemalasan kadangkala dikalahkan"
„aber die Bekehrung neidischer und böswilliger Gemüter sind Wunder"
" tetapi pertobatan fikiran yang iri hati dan jahat adalah mukjizat"
sofort strich die Fee mit ihrem Zauberstab
serta-merta peri itu menghentak dengan tongkatnya
und im nächsten Augenblick waren alle im Saal entrückt
dan seketika semua yang berada di dalam dewan itu diangkut
Sie waren in die Herrschaftsgebiete des Fürsten

eingedrungen
mereka telah masuk ke dalam kekuasaan putera raja
die Untertanen des Prinzen empfingen ihn mit Freude
rakyat putera raja menerimanya dengan gembira
der Priester heiratete die Schöne und das Biest
paderi berkahwin dengan kecantikan dan binatang
und er lebte viele Jahre mit ihr
dan dia tinggal bersamanya bertahun-tahun lamanya
und ihr Glück war vollkommen
dan kebahagiaan mereka telah lengkap
weil ihr Glück auf Tugend beruhte
kerana kebahagiaan mereka diasaskan pada kebajikan

Das Ende
Akhir

www.tranzlaty.com

www.ingramcontent.com/pod-product-compliance
Lightning Source LLC
Chambersburg PA
CBHW011551070526
44585CB00023B/2546